JN408944

학무산 아래 들꽃 같은

학무산 아래 들꽃 같은

박명숙 시집

도서출판 천우

시인의 말

우리 집 목련이 처음으로 생채기 하나 없이 순백의 촛불처럼 보란듯이 피었습니다. 꽃샘추위를 너끈히 이겨내는 데 무려 열다섯 해가 걸린 것이지요. 바람도 비껴가고 보얗게 터진 고요 앞에 숨이 막힐 듯 시간의 숨소리 들리고….

아~ 이런 봄날 나는 어쩌자고 마당에 홀로 넋을 놓고 서 있는 겐지.

아버지께서 병원에 계실 때 못난 딸은 아무 것도 해드릴 게 없어, 숙제하듯 써놓은 공책을 가져가 제 글이라고 읽어드렸습니다. 아버지는 간간이 고개를 끄덕이시기도 하고 미소를 지으시며, 조용히 귀를 기울이는 청소 아주머니께 "야가 시인이요." 하셨지요.

이제 집에 돌아오실 수 없음이 큰 걱정이라시며 외로이 먼 길을 떠나신 아버지께 늦게나마 시집 한 권 올릴 수 있게 되어, 우리 우편물에다 시인이라고 표시를 해 배달을 해주시는 집배원 아저씨께도 고마움 한 권 드릴 수 있게 되어 기쁩니다.

늘 부끄러운 글이 어느 한 순간 누구에게라도 흐뭇한 웃음을 줄 수 있기를 소망합니다.

2014년 4월

박명숙

제1부

배꽃 지던 날

제2부

세월

제3부

황금 잉어빵

제4부

보물찾기

제1부

배꽃 지던 날

꽃

봉오리 진 것을 보고
꽃이라고 하지 마오

동트는 햇살같이
잎이 막 열리는 것도
꽃이 피었다고 말하지 마오

몇 날이 더 흘러
무르익은 중년같이
온몸을 열어 마음을 보일 때

곧 떨어질 꽃잎을 붙들고
나무가 진땀 흘리며 안간힘을 쓰고 있는 그때

비로소 꽃이 핀 것이라 만방에 알려주오
시간을 꽉 거머쥐고 있게
사진을 찍어주오

바로
그때에

연리지

다정이 어떤 빛이기에
이리 고울까

마주 서 있어도
보고 싶고
곁에 같이 있어도
궁금한

그 이름자
떠올리기만 해도 행복해지는
물속처럼 깊은
서로의 그림자

그 그림자 하나 이울어도
마주 잡은 손
놓지 마오

저무는 하늘 저 끝에
오래전부터 걸려 있던
등촉
천년의 연분인 것을

* 천태산 영국사에서 소나무 연리지를 보고.

배꽃 지던 날

손톱처럼 작은
하얀 꽃잎 하나가
마음에 걸려
바람은 자꾸 뒤돌아보았다

무심히 지나가버려도
아무도 모를 것인데

바람은 다시 돌아와
나무 곁을 빙빙 돈다

고마워
고마워

작은 꽃잎이
따라나선다

목화꽃

노인 병원 집중 치료실에
비닐같이 투명한 살갗으로
더디게 더디게
노란 수액이 들어가는
여든여섯 살 어머님이
새로 둥지를 트셨네

내 신 어디 있나?
마음엔 몇 번이고 일어나
침상을 내려서지만
걸음마 배우기 전 아기처럼 누워
이런저런 세상 돌아가는 며느리 말에
천천히
아주 천천히
고개를 끄덕이시는 것뿐

구월 스무날 당신 생신을 기억하시고
오늘만큼은 자식들이 우르르
몰려오리란 걸 아신 듯
한나절 내내 눈을 뜨고 기다리신다

새끼들 거두느라 뼈마디 다 닳은
어머님의 손은 제 손보다
한 마디나 작았네요
아버님께서 아끼시던 아내이셨고
고향 관리에서 자랄 때는
팔랑팔랑 목화 꽃잎 같은 소녀였지요

어머님
이제 저에게 기대보세요

나는 오늘도
어머님의 새 집에 갑니다

상사화

물이 되어
아래로 흐르다 보면
실뿌리 내린 어디쯤
가 닿게 될 줄 알았지요.

바람을 따라
가느다란 저 산길
숲을 지나 높이 올라서면
그저 훤히 보일 줄 알았습니다.

살다가
우연히 어느 곳에서
약속도 없이 마주친다는 것이
얼마나 큰 인연인지요.

우리 서로
못 견디게 보고프다가
인연으로 마주치려면
몇 날을 더 아파야 되겠는지요?

당신은
늘 그 자리에
눈물 머금은 꽃으로 서 있다지만
나는
민들레 홀씨처럼 헤매이다
바람에 부서져
다시금 떡잎이 되고 맙니다.

햇빛 까사로운 여름
당신과 나는
서로 다른 길을
멀리 돌아서 가고 있습니다.

2001 모란

사월 스무아흐레
두 달 가뭄 끝
지난밤 새 비에 잠 설치고

홀로 서 있는 모란에게서
깨어나는 봄을 보았다

바람 끝에 매달려
주먹만 한 자줏빛 봉우리가
아기가 손가락 펴듯
열리고 있었다

황금빛 찬란한 관을 쓰고
은은한 분 냄새를 풍기며
한 치의 양보도 없이 당당하게
후원을 거닐고 있는
서라벌의 여인

해마다 잊지 않고
우리 집을 찾아오는
귀한 손님을 맞으려

어제 우리는
마당을 쓸고 풀을 매었다

2007 모란

네 꽃망울
아기 손처럼
주먹 꼭 쥐었을 때

이제 곧
깨어나겠구나
가슴이
두근
두근

오월 초하루
햇빛 따가운 날
붉은 입술 벌려
나를 부르면

마당 가득
여인들의 웃음소리
이제
잔치 끝나면
이내 가고 말겠구나

어쩌나
어쩌나
내 곁을 떠나버리면…

2011 모란

어쩌자고 그렇게
웃어 보이는 게요

그대의 속마음
다 내 것인 양
모란꽃 그늘에 들다
날 저물었네

활짝 피어난 딸아이처럼
어느덧
홀연히 떠나고 말 당신

간밤 천둥에
때아닌 큰비 내려 잠 설치고
내 안 가득
청량한 그 웃음만 남아

이 봄에 난
그대를 품었네

도라지꽃

누가 지나가나 궁금해
울타리 옆에 선
어린 소녀

오목오목 풍선껌 씹어
조그만 입으로
볼록
불었다

바람이
살살
볼을 간질여

참다가
참다가
풋~!
터진 웃음

가지치기

몇 번을 생각하고
톱을 대었는데도
다시 보니 또
잘못 잘랐나 싶다

콩새 한 마리 왔다가
앉을 곳을 몰라
돌고
돌고

새가 앉는 자리는
자르는 게 아니라던데

뿌리와 뿌리 사이
잎과 잎 사이
소소한 떨림으로도
서로 통할 생명들

마당에 나가기 두렵다

나무들마다
휘유~
가슴 쓸어내리는 소리

내가 지날 때마다
들리는 듯하다

수선화

이른 봄 화단에
뾰족 내민 초록 잎

시멘트 담장에 가려
한나절이 지나야 겨우
한 줌의 빛을 본다

내가
너에게 해 줄 수 있는 것이
밥도 아니고
옷도 아니고
그저
빛이나 가리고 서지 않는 것

손바닥만 한 인심이나마
미안해하며 건네주는 것

접시꽃

이웃 할머니는 가끔
옥상에 올라가
어딘가를 하염없이 바라보곤 합니다

계단을 내려오며
들릴락 말락
노래를 부릅니다

달아 달아 밝은 달아
어데로 갔나
나와서 나하고 놀자

할머니 원피스 자락엔
커다란 접시꽃이
달처럼 환합니다

상추

이쁠 것도 없고
서운할 것도 없고
그저
편한 모습

언제이든
푸르름으로
우리 가까이에 있는
그대가 좋다

풀 먹여 밟아 말린
광목 앞치마 두르고
명절날
부뚜막 앞에
사각사각 서 계시던

우리 어머니 같은
상추

꽃샘추위

목련이 혼자
떨고 있는 밤

비 개인 하늘이
밤새워
목련 꽃눈을 달래고 있었다

다시 한 번 내가
술래가 되면
그땐
너를 찾지 않으마

네가 웃으며 나올 때까지
꼭꼭
숨겨주마

마늘

탱글탱글
상앗빛 속살은
막 돌 지난 아기 볼 같은데

어디에다
그런
앙칼진 맛을 숨겼을꼬

배추

가만히 품에다
햇살을
숨겨 두었다

노오란 수줍음
두 팔로 감싸 안고
배싯~
웃으며

이웃
무 밭을 넘어다보고
부끄러워하는구나

감꽃과 벌

감나무 잎사귀 뒤
나붓
벌어진 감꽃에

벌 한 마리
살며시 기어든다

어머나!
후끈 달아오른 꽃

어이쿠
나도 놀라
얼른 돌아보았네

가랑잎

바람이 분다

어려운 숙제를 훌륭히 마친
뒤꼍의 마른 나뭇잎들이
바람개비처럼
팽그르르
하늘을 세 바퀴 반 돌아

햇볕이 아직 남아 있는
마당 한쪽 구석에
날렵하게 착지한다

고난이도 훈련을 마치고
세계 최고가 된 체조 선수처럼

금메달이다

겨울비

초겨울 빈 마당에
비가 내린다

자다가 목말라
내복 바람에 밤바람 쐬지 말라고
목련 꽃눈의
자리끼를 미리 내어놓는다

초겨울 빈 논에
비가 내린다

물꼬 옆 지하 방에 사는
나이 든 토룡 안사람더러

살얼음 얼어 길 미끄러운데
뜨끈한 아랫목에서
궂은 날이나 좀 쉬라고
몇 번이고 이른다

동지

달이
밤길을 간다

가녀린 아낙
서늘한 얼굴을
맨손으로 감싸고

먼 길을
돌아 돌아
시리게 간다

베적삼 성긴 올올이
매운바람 접어 안고
장대 같은 이 밤을
어디서 새우려나

목초액

숯 방에서 얻어 온
목초액을 열어 보다
한 방울이
똑
욕실 바닥에 떨어졌네

말로 하기 어려운
찌릿한 기운들이
내 뒷목줄기까지 진하게
올라왔을 때
이것이 나무의 혼이란 걸
알아버렸네

어머니의 산고가 우리 몸인 것을
어찌 모른다고 하겠는가

뼛속까지 녹아내린
나무들의 정신을
차마
아무 곳에나
쏟아부을 수가 없었다

제2부

세월

세월

처음에는
일 잘하는 동서가
굼뜬 나의
큰 허물이었다

서로 다른 곳에서 나고 자라
한 연못에 옮겨 심어진 인연
아침이면 함께 피어나고
물결이 일면
서로 비켜서던 서른 해

일 잘하는 동서는
이제
자랑스러운 동반자
든든한 내 편
뒷일이나 하는 나도
더 이상 흉이 아니었다

내 생각이 동서 생각이고
동서 생각이 곧 내 생각이니
세월은 그저
더할 수 없이 좋은
약 처방전이다

외삼촌

외삼촌이 나를 보면
엄마를 본 듯하다시고
나는
외삼촌을 뵈면
엄마를 만난 것 같네

지금
동생과 나처럼
엄마 어렸을 때
다정했던 오누이
한 꼬투리 안의 어여쁘던 콩

외삼촌은
생각만 해도 눈물이 나는
엄마 대신이다

지아비

그의 가슴에서
장구 소리가 난다
그의 배에서
북 소리가 난다
그가 움직일 때마다
몸 어느 구석에서
꽹과리 소리가 나고
징 소리가 나고…

내 손등 생채기 하나에
사흘 아프고
자기 가슴에다 침을 꽂고
진땀 흘리며
아내의 가슴앓이를 대신하는
당신은
내가 신명 나게 살도록
장단을 맞춰주는
국악단 사물놀이이다

깨복

술에 취해 자고 있는
남편 얼굴에
가만히 입술을 대어 보았다
차가운 손도 얹어 보았다

무엇을 믿고
이렇게 정신이 없는 건지

아들 딸
식구 수대로
돌아가며 뽀뽀를 해대었다

히히힛
오늘 당신은
우리한테 당했어

어이구
오늘 애비가
깨복이 터졌구먼

쓰르라미

열 살 아들의 일기

제목;태권도 심사 결과

태권도 품 심사를 보고 나면
몇 달 뒤에 발표가 난다
나는 붙었으면 좋겠다
한 명 빼고 다 붙었다고 하는데
떨어진 사람이 꼭 나 같다

잠자는 아이의 얼굴을 보니
목구멍이 싸~하다
쓰르라미 소리가 난다

낮에 체육관에서 전화가 왔었다
우리 아이만 떨어졌다고

시루

장독대 한 켠에
작은 시루 하나

붉은 팥고물 한 대접 깔고
하얀 쌀가루 한 양재기 얹고
쌀가루같이 하얀 사랑 한 켜 더 얹은 다음
붉은 팥고물로 정성스레 덮고

첫 월경 시작한 손녀딸
여인으로의 삶을
순탄하게 보살펴 주십사고
두 손 모아 공들여 떡을 쪄주셨지

할머니 가신 지 수년인데
친정집 뒤란 묵은 장독 옆에
아직도 큰 정성 하나
우뚝 앉아 있네

50대(代) 겨울밤

불 좀 꺼요
눈도 침침한데 책은 무슨

당신의 시는
남편한테 다리 얹고
편히 자는 거예요

거 좀 부스럭거리지 마요
잠들을만하면 깨우네

원 참
잠자리 잡는데
그렇게 오래 걸리나

쇠를 먹어도 녹일 나이

기차 타고 음료수 하나
내려서 떡볶이
좀 다니다 햄버거 꼬치 오징어
오면서 계란빵 또 음료수

그러고도 집에 와서 또 먹나?
엄마
얘 한창 먹을 때인가 봐

대학 다니는 누나가
아홉 살 아래 동생에게
광역시 구경을 시켜주고는

책도 사 주었지
내 용돈 다 긁어 먹혔노라고

밉지 않은 흉을 보며
투덜투덜

열대야

잠 못 이루는 여름밤
소쩍새 집에도
부채질이 한창이다

저리 떨어져요
끈적끈적해
다리 하나 올리는 데 오만 원
팔 하나 얹는 데 이만 원

아이고 치사하다

돌아눕고 마는
소쩍새 남편

인사성

열 살 아이의 일기

우리 누나는 대학생인데 참 좋은 습관을 가졌다.

약국에 들어갈 때

“안녕하세요. 회충약 4인분 주세요.”

“안녕히 계세요.”

처음에 나는 누나가 약국 아저씨와 잘 아는 사이인 줄 알았다.

오다가 과일 가게에 들렀는데

“안녕하세요. 귤 2천 원어치요.”

“많이 파세요.”

하는 것이다.

“누나는 인사성이 어째 그렇게 발라? 내 생각에는 약국 아저씨나 귤 가게 아줌마가

어서 오세요 안녕히 가세요 해야 될 거 같은데.”

하니까

“인사는 아무나 먼저 하는 게 좋은 거야.”

라고 했다.

텔레비전에서 우리나라 사람들이 인사에 너무 인색하다는 말이 나왔는데

우리 누나 같은 사람에게는 상을 주어야겠다.

서툰 그림

큰 도랑 건너에
반거치 농사꾼
작은아버지 배 밭

평생 군대 복무
퇴직 후에
더듬거리며 지은 배 농사

노란 배 한 알이

일 년 그린 그림이고
십자수이고

땀으로 엮은 시도 되고
조각도 되고…

모양 안 난 배라고 서운해 마세요

고이 키운 자식
떠나보내는
어버이 마음일 터

아원의 봄

열 달 된 외손녀 아원

아랫니 두 개
윗니 두 개
연한 녹두 촉처럼 돋아나
배싯~
웃을 때마다
묵은 어른의 마음이 간질거린다

갓 껍질을 깨고 나온
병아리의 노란 발가락 같은
여린 손가락을
내 얼굴에다 꼼지락거릴 때

할미는
가슴속의 잔물결이 다시 출렁거렸다

그 옛날
네 어미를 품었을 때처럼

마누라

사랑한다는 말
한 번도 못 들어 봤다기에

술 한잔한 김에 큰맘 먹고
여보 사랑한데이

그런 말은 그리 쉽게 하는 게 아니란다

가을 여행 한번 가보면
원이 없겠다기에

영국사 은행나무 보고
어죽이나 먹고 오자 하니

거기는 수도 없이 가보았고
머릿속으로는 안 가 본 곳이 없노라
그냥 밥이나 비벼 먹자고 한다

거참
알 수 없는 마누라 같으니라고

할머니

밤늦게 돌아와
자려고 누우면

차가운 내 발을 끌어당겨
할머니 발로 얼른 감싸며
아이구 시원하다
아이구 시원하다
이불을 꼭꼭 눌러주시던

지금도 얼음같이 차가운 내 발
그건 결코 시원하다가 아니라
깜짝 놀랄 만큼
아이구 차가워라였는데

이제야 알겠네

때 묻은 손수건을 펴서
옥수수 한 도막을 주시며
네가 첫정이라

그토록 따스하던

우리 할머니

*나는 손발이 차다. 그래서 다른 사람의 손을 잡으면 참 따스하게 느껴진다. 어떤 이는 내가 마음이 차서 그렇다고 하고 또 어떤 이는 마음이 따뜻해서 그렇다고 한다. 남편은 밖에서 돌아오면 차가운 볼을 내 뺨에다 대고 '으히히히' 하면서 마구 비빈다. 나는 먼저 잠자리에 든 남편 옆으로 살며시 들어가 얼음장같이 차가운 내 발을 들이밀고 마구 문지르며 '어때, 맛 좀 보시지.' 하고 복수를 한다. 그런데 남편은 놀라 잠에서 깨어나면서도 한 번도 차갑다고 하지 않는다.

학무산 아래 들꽃 같은

어머니는

나락 낟알 떨궈내고
휑한 들판에 홀로 남은
짚단이거나

콩알 다 쏟아내고
빈 콩깍지만 남은
마른 콩 대궁이거나

마지막 남은 홍시마저
까치밥으로 내어주고
허리 시리게 서 있는
추운 감나무이다

팔순 노모를 모시고 외가에 갔네
벨을 눌러도 기척이 없자
허리 구부러진 어머니
선뜻 나서 대문을 부여잡고
인수야
인수야
환갑 넘은 조카 이름을
큰 소리로 부르네

스물두 살에 시집와
층층시하 시집살이 쉰여섯 해
지난해 할아버지 세상 뜨신 후
비로소 고개 들고 어른 되신 어머니

묵은 친정
어머니의 텃밭에 와서야
마음 놓고
큰 소리 한번 내보셨네

학무산 아래 들꽃 같은
우리 어머니

해물 칼국수

맛있는 해물 칼국수를 마주하고
엄마와 아들이
한 국자씩 덜어 간다

좀 큰 조개가
국자 끝에서 이리저리
밀려다닌다

보다 못한 엄마가
얼른 건져서
아들 그릇에 얹어 준다

어린 아들이 고개를 들며

그거 엄마 건데…

* 남편과 같이 다슬기를 까먹고 있었다. "오늘 올갱이는 큰 게 많네." 남편이 하하하 웃었다. 남편의 접시를 보니 자잘한 껍질만 놓여 있었다. 굵은 것은 자꾸 내 앞으로 밀어 넣었던 것이다.

선물

딸 둘이
신발 가게에 들어갔다
어머니 생신을 맞아
털신을 고르려고

이걸 살까?
비싸네
어느 것이 좋을까?

오래도록 주저하는 걸 보고
주인이
좋은 걸 사 봤어야 고를 줄을 알지

어린 자매가
밖으로 나와

감나무 가로수 아래에
서로 바라보고 서 있다

눈물이 그렁하다

예전에

아직 두 돌도 안 된
외손녀 아원

아침에 할머니가 받아
어린이집에 들이밀면

들고 갔던 인형도 선뜻 놓고
멈칫멈칫
비죽비죽

입을 꼭 다물고
울음을 참는다

슬프지만

자기가 떨어져 있어야 한다는 걸
안다는 거다
엄마가 힘들게 일한다는 걸
뱃속에서부터 이미
알고 있었던 거다

세 살 된 아원

오목오목 작은 입으로
사과를 맛있게도 먹는다
한 쪽 더 먹으려고
접시를 끌어당기기도 한다

할아버지가
사과 농사를 짓는다는 걸
태어날 때부터 이미
알고 있었던 거다

양말

빨래를 걷어
발 딛는 모양대로
양말을 펴서
차곡차곡 접으시던 어머님

뭘 저렇게까지…

강산이 변할 만큼도 더
아이 키우며 살림하던
어느 날 문득

아하! 그러셨구나
하찮은 양말 한 짝에도
어머님은 꾹꾹
정성을 찍으셨구나

영감, 이 양말 편하게 신고
옆길 걷지 마시구랴
얘야, 이 양말 신고
길이 아니거든 가지 말거라

나도
발 딛는 모양대로
양말을 접어본다

석양

빗방울이 몇 개씩 떨어지는데
노점 할머니
못다 판 나물 몇 줌 때문에
자리를 뜨지 못한다

어린 손녀가 떠오른다

빗방울이 더 잦아진다

감나무가 푸른 잎 우산을 펼쳐
할머니 어깨로 떨어지는 빗방울을 튕겨내 본다

힘없는 어깨를 감싸준다는 것
젖은 마음을 닦아준다는 것

해가 되돌아와
나물 바구니를 들여다본다

누가 뭐래도

한기가 스미는 이른 새벽에
뻐꾹새가 운다
다섯 시라고

개 밥그릇에는
얼음이 꽝꽝 얼어 있지만

누가 뭐래도
우리 집은
뻐꾹새 우는 봄이다

해준 것도 없는데 어버이라고
지난봄 아이들이
카네이션 화분을 보내왔다
마당에 심었다가
늦가을에 화분에 옮겨 방으로 들였더니
이 한겨울에
빨갛게 카네이션이 피었다

누가 뭐래도
우리 집은
꽃 피는 봄이다

거울을 보며

오늘 아침
거울 속의 이 얼굴이

나 어릴 적
엄마의 얼굴

엄마 어릴 적
외할머니의 얼굴

딸아이가 어른이 되었을 때
그 얼굴

가지런히 눈썹을 다듬고
복숭앗빛 고운 볼에
연분홍 입술을 그린다

엄마의 얼굴이
보름달처럼 환해지라고

딸아이의 얼굴이
분꽃같이 향그로우라고

이리 끌구 와

어떻게 여길 알았니
물어 물어 날 찾아왔다는
초등학교 동창생

사철 그을린 맨 얼굴에
실없이 풀린 파마머리

사십 년 만에 만났는데
자초지종도 없이
집을 나왔노라 눈물부터 쏟는구나

남편이라고 저 하나 믿고 살렸더니
땡볕에 일 시키고
술타령에 매질까지
나부터 살고 봐야지
자식 생각도 안 나더란다

소여물 썰다 작두에 다쳤다는
짧은 오른손 가운뎃손가락
무르팍에 정강이에
크고 작은 흉터들

이것아
어린 시절 그 꿈 다 어쩌고
이렇게 아프게 나타났니

그 인간 어디 있나
이리 끌구 와
내 가만 안 둘껴

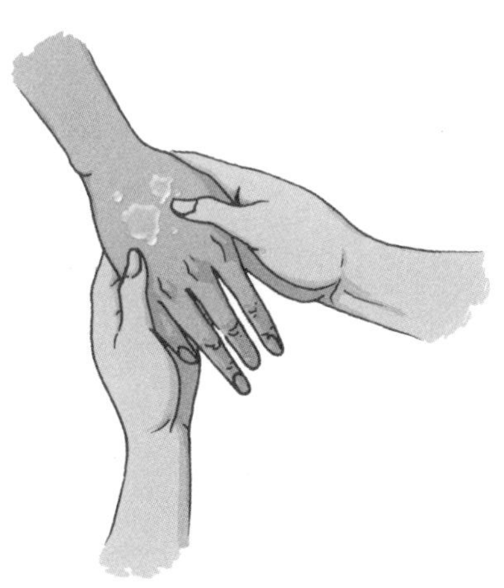

영실이

고향에 가서
작은엄마와 작은아버지를 뵈면

네가 실이하고 똑같구나

영실이는 저보다 예쁘잖아요

말하는 거나 하는 짓이
꼭 닮았다 말이다

나를 볼 때마다
작은엄마와 작은아버지는
딸이 보고 싶으신 게다

사촌 동생 영실이에게
오늘은 전화를 해야겠다

친정에 자주 좀 가봐

우리 순둥이

이웃집 강아지가 놀러 왔다
말이 잘 통한다며
우리 강아지와 서로 엉겨 뒹굴고
밥도 같이 먹고
아마
만화 영화도 함께 보았을 것이다

나중에 보니
제집에 여자 친구가 있었다

드문드문 멀어지더니
인제 안 오겠다고 한다
서로
모른 척하고 지내자고 한다

영문도 모르고 친구 맺었다가
우리 순둥이
그만
마음을 다쳤다

정식이

정식이는
육군 이병이다

눈망울이 우렁우렁
황소의 눈처럼 거짓이 없고
맑은 눈동자는 푸른 물과 같아
속눈썹엔 금방
반짝
이슬방울이라도 맺힐 것 같다

그 눈만 보아도
정식이의 마음이 어질다는 걸 알겠다

그런 눈을 가진 정식이 앞에서
누가
바르지 못한 행동과
나쁜 말을
입에 올릴 수 있겠는가

정식이의 군 생활은
걱정하지 않아도 될 것이다

제3부

황금 잉어빵

서당 개 풍월을 읊듯

사월 초파일이 가까운 날

마지막 불공이 끝나
등불만 흔들리는
중화사 대웅전 마당에는

뒷산 검은 숲에 사는
소쩍새들 여럿이
밤마다 내려와
불경 공부를 한다

뜨락의 모란 꽃잎보다
더 붉은 속내를 토해내며

소쩍이라 솟쩍경
솟솟쩍에 소쩍이요

돌바닥을 두드리며
경을 읽는다

석가의 외출

사월 초파일

황악산 직지사 절 문 안으로
사람들이 어깨를 부딪치며
밀려 들어가고 있었다

물소리 요란한
다리 위에
고무판으로 아랫도리를 감싼
남자가 수레를 밀며
돌아가는 테잎처럼
자존심을 풀고 있었다

바쁠 것도 없는 날
모두들 부지런히
스쳐 지나가고
나도 주머니 속의 지폐를 만지작거리며
행렬을 이었다

돌아 나오며
다시 그 남자를 보았을 때
아…
빈 주머니 가득 들어앉는 부끄러움

부처님은
일주문 밖까지 나와
노래를 부르며
엎드려 중생을 맞았는데

사람들은
빈 법당에다
불전을 놓고 절을 하고 나왔구나

화신리

절 골에서는 이제
나무들도 도를 닦는 모양이다

골짜기에 새벽이 올 때는
끔벅끔벅
몸이 알아서 눈을 뜨고
하루 중에는 그래도
아침이 신선하다며
온몸으로 통기를 한다

승칠 씨 밭 큰 사과나무도
여름 어느 날에는
가지에 매달린 어린 사과들까지
또드락또드락
목탁 소리를 내며 여물고 있었다

난 그저
눈치 싼 그 나무가
세상이 공평한지
저울질이나 해 보는 걸로 알았는데

우람한 팔뚝에다
중화사 풍경을 대신 건 듯
뎅그렁뎅그렁
반야심경을 외고 있었다

천문동

하늘로 통하는 문이라기에
부족한 그 하나
내가 채우리라
999계단을 한 걸음 한 걸음
도 닦는 마음으로 올랐네

산과 산 사이
빗장이 채워진 육중한 문틈으로
옥색 하늘이 새어 나왔네

우리 아버님도
이 문을 통해 하늘로 가셨을까
손오공은 근두운을 타고 이 문을 날아
이승과 저승을 넘나들었을까

장가계 묘한 봉우리에
주홍빛 노을을 펼치며
장엄하게 해가 질 때

버스가 굽이돌아
세속으로 들어섰을 때

나는 보았네

하늘 문이 소리도 없이
천천히 열리고 있는 것을

문수전

산꼭대기에 올라
하늘을 본다

가슴을 열어 보이면
마음은 새를 닮아
나뭇가지 끝에 앉아 있다

반야사 계곡에 앉아
소리 없이 가는 물을 본다

내 속을 흘려보내면
물만 소리쳐 흘러가고
마음은
내가 밟고 있는 돌을 붙잡고
물고기처럼 꼬리를 흔든다

널 사랑한다는 게 무엇이더냐

네 눈빛 속으로 들어가
가슴 저 깊은 곳을 염탐하고
그만
돌아 나오지 못한
내가
두려운 것이다

성묘

화롯불을 다독다독
주전자를 올려놓고
곶감을 달이셨지
사붓이 피어오르던 하얀 김

고뿔 걸리지 말고
겨울 잘 나라고
대추 밤 넣고
해마다 내 약을 달여 주셨지

타작 마친 논에서
타분새기를 긁어모아
배앓이하지 말고 겨울 잘 나서
풍년 농사 짓거래이
논에다 뜸을 떠 주셨지

가을바람에 잔디카락 날리며
홀로 누워 계신 할아버지
산소를 찾아뵈니

할아버지 보고 싶은 마음
향 내음처럼
사붓이 피어오르네

중화사에서

더듬거리며
사월 초파일 날 한번
절집에 가더라도

절이나 하면서
바라는 걸 비는 것만이
다는 아닐 것인데

눈멀고 귀 어두운 나는
부끄러워라
촛불 휘황한 대웅전에 들지 못하고
뜨락 밑 그늘에 숨었네

들려오는 불경 소리
따라 외지 못하고
땅만 보고 있는 나를

밤바람이 비웃어
대숲에다 꼬삭거렸다

딱다 딱다
딱하다
소쩍이라 솟쩍
솟소쩍에 소쩍경이요

검은 숲속의 소쩍새가
자기가 대신
외워 주겠다고 한다

귀향

직지사 옆 골짜기에
사촌 오래비 산다

할아버지께 물려받은
배 밭 한 켠 산소 옆에
황토 벽돌 찍어 집 한 칸 짓고
솔바람 소리
어른들 말씀이라 새겨들으며
때마다 굴뚝에 연기 피운다

거름 값도 안 나오는 농사 접고
도회지로 나가
손에 흙 안 묻히고 살면
원이 없을 줄 알았는데

묵혀 놓은 그 밭에
배꽃 하얗게 피겠구나
망초대 키처럼 자랐겠구나
먼 산울림처럼 휘돌아 가던 마음

생전 할아버지 이발해 드리듯

한 뼘 더 자라기 전에
슬몃슬몃 웃자라는
욕망을 깎아낸다

연

끈을 놓는다는 것이
잡고 있는 것보다 어려운 것인데

그 끈 놓았을 때
비로소
나에게도 주홍빛 날개가 돋았나니

이제 널 위해
치장하지 않아도
헛된 꿈 갖지 않아도 되고

누구를 품고 산다는 것이
애초에
놓기 힘든
굵은 줄을 잡고 있는 것이었다

꿈속에서조차
꺼내 보일 수 없었던
내 사람아

뉘를 가리며

친정에서 현미를 보내왔다
겉껍질만 겨우 벗겨낸 거라
간간이 섞인 뉘를 가려내야 한다
모양과 색이 거의 같아
돋보기를 쓰고도 분간이 어렵다

하얀 종이 위에다 한 줌씩 놓고 얇게 펴니
아하 이제야 좀 보인다

장금이가 어린 손으로
솔잎에 잣을 끼울 때
처음엔 더듬거리다가 어느덧
잣 구멍에다가 손 감각으로
솔잎을 끼워 넣는 걸 보았다

그래 그래 사람의 일
하다 보면 느는 게지
손가락 끝으로 살살 더듬어
거칠한 뉘를 찾아내었다

방귀 길 들자 보리 양식 떨어진다고
감각으로 찾아내게 되자
두어 되 현미 뉘 가리기가 끝이 났다

성공한 TV 프로

칭찬합시다를 본다

오 놀랍다
저 불편한 몸으로 어떻게
남을 도울 생각을 하였을까

아무나 못하는 장한 일을 하고도
자기는 칭찬 받을 자격이 없다고 한다
당연한 일이라
부끄럽다고도 한다

끊이지 않고 이어지는
참으로 칭찬 받아 마땅한 사람들
어찌 저리 훌륭한가

너무도 숭고한 그들에게

좋은 일 한 가지로 자랑을 못 참던 나는

부끄럽고 미안하여
눈물이 난다

우유

우유에는
앙금이 없다

어느 누구도
감히 흉내 낼 수 없는

위대한 모성이
바로
거기에 있다

숨바꼭질

어쩌다 마주치면
멋쩍은 듯 웃기만 하는
그에게
나도 더듬거리다 웃고 맙니다

이른 봄
다져진 땅을 열고 올라오는
가녀린 새잎의 용기가
제게는 없음입니다

주저주저하다가
날이 지나고
아— 내가 세월도 없이
그를 사랑하는 것은

어린 시절
혼자서만 꼭꼭 숨었다가
이미 다른 곳으로 아이들이
다 떠나간 줄도 모르고

빈 골목에 홀로 서 있던 때

아지랑이 낀 논둑처럼 아득하던

아플 때에 아파할 줄을 모르던
그 어리석음이
아직도 내게 남아 있기 때문입니다

어둡다는 것에 대해

늦은 볼일을 마치고
밤길을 나섰네

가뭄 끝에 흠뻑 내린 비 때문일까
아스팔트가 새까맣게 반짝이고
하얀 선이 자동차 불빛에
덩달아 광을 내고 있었네

어두운 것이 곧 밝음이 된다는 걸 알겠구나

남의 허물에 어둡고
울 밖의 소식에 어둡고
다른 사람이 나에게 미안해야 할 것과
고마워해야 할 것에도 어둡고

나이 들어 눈이 어두워지는 것이

어지간한 일들은 살펴볼 것도 없이
그냥
덮어주라는 것이었다는 것을

언제였던가
나의 부끄러움을
누군가
못 본 척해 주었던 것처럼

잘

잘 지내지?
밥은 잘 먹고 댕기나?
잠은 잘 자구?

세탁기 전기밥솥 전자레인지
수도 컴퓨터 자동차
청소기 전화기 다리미

잘 하기가
잘못하기보다
쉬워진 세상

더불어
마음 쓰기 공부까지
잘 해 볼 일이다

평행선

나는
그가 가을을 탄다는 걸 알고 있습니다

가을이면 나는
마음 앓이 하는 그를 보며
가슴이 아립니다

그는 내가
봄을 탄다는 걸 알고 있습니다
봄이면 또 그가
내 걱정에 애를 태우겠지요

그 긴 계절이 반복될 동안
우리는
끊임없이 열 감기를 앓으면서

애써 모르는 척
그냥 삽니다

황금 잉어빵

마차다리를 건너던 바람이
차 꽁무니에 휙— 딸려 가는
우체국 모퉁이

새로 잉어빵 아주머니가 등장했다
어린 두 아이까지 나와
햇볕을 쬐고 있었다

먼지 이는 큰길가에서 구운 것을
누가 사 먹기나 할까 싶지만

사람의 입이 저울이라지
팥고물이 넉넉한 게 옛 맛이라고
다 구워 내지를 못한다

황금 잉어가 뒤척이는 것만 바라고 서 있는 사람들에게
용케도 순번대로
한 봉투씩 척척 안기며

모자가 잘 어울려요
친구 분들이 늘 한결 같다고 하시지요?
오늘도 많이 웃으셨어요?
길 미끄러운데 조심하세요

기분 좋은 인사만
골라서 하는

갓 구워낸 잉어빵보다
더 따뜻한 아주머니는

곧 부자가 될 것이다

유리그릇

거짓일 수 없는
맑은 네 눈빛을 사랑했거늘

무슨 이유로 울분을 터트리며
사정없이 할퀴었느냐

투명한 모습만큼이나
성깔도 까랑하다는 걸 알고 있었지만
섬뜩한 기운에
속으로 떨었다

그래도 난 너를 버릴 수가 없어

너도 이제 그만
날 믿어다오

5급 8항

척추뼈 3개 교정하는 수술 받으면
장애자 된다

매일 세수할 때나
아래위 옷 다 적시며
머리를 감느니 차라리
목욕을 하는 게 낫다

장애란
가죽 속에 든 옥수수 알같이
몸속에 이미 다 만들어져 있어
언제든 누구이든
그럴 수 있는 것인데

자기가 온전할 때 사람들은
그것이 남의 일이라고만 안다

불필요한 말이나 눈길보다는
다만
나보다 먼저 시작되셨군요
생각할 일이다

그대

가뭄 끝에 떨어진 빗방울일까요?

새아씨 속 떨림 같은
마장호수 양귀비 꽃잎처럼
고운 자태로 다가서

그 은은한 빛깔로
서로에게 물들어 있고 싶은

먼발치에 있는 숨결을
말하지 않아도 느끼며 우리는
자연 속에서 하나
서로 기대어 북돋아 주며
가뭄에도 메마르지 않고 꽃봉오리를 키우지

그리워하며 기다리는 거
조금씩 아껴두는 것도 괜찮아
언제인가는 환하게
꽃으로 웃을 테니

행복합니다
양귀비꽃 가득한 호수 길을
옛날 자전거 뒤에다 태워주고 싶은

그대…

*친구의 블로그를 보고.

자네

이 사람아
너무 잘하려고 하지 말게
좀 잘못되면 어떤가
나중에 다시 하면 되지

이 사람아
너무 쩔쩔매지 말게
그 사람도 자네처럼
잘못할 때가 있었다네

너무 급하게 생각 말게

세상의 중심은 자네라네

* 이제 세상으로 첫발을 들여놓을 모든 젊은이들에게.

지게

학습지 선생님이 새로 오셨다
이런 일 하실 나이가 아닐 것 같은데
필시 곡절이 있었을 것이다

하루에 몇 탕을 뛰시는지
어떤 날은 아이가 문제를 푸는 사이
꾸벅일 때도 있었다

선생님은 여기까지
오래도록 걸어왔을 것이다
그 어깨에 얹힌 아버지의 무게가
지게처럼 고단할 것이다

소매 끝이 해진 늘 같은 양복과
눌린 식빵 조각처럼 얇아진 구두 뒷굽 때문에
나는 오래도록 그 선생님이 마음에 걸렸다

우리 아이는 어른이 되었는데
그 선생님
아직도 걸어 다니실까

미소

당신을 안다는 것이
참 좋습니다

일을 하다가 힘들 때
잠시 눈 내리는 창밖을 보다가
문득
떠올려지는 사람 있다는 것

마음속에서 뭉클 솟아오르는
남모르는 웃음 있다는 것

당신을 안다는 것이

참 부드러운 미소 하나
가슴에 품은 거와 같습니다

제4부

보물찾기

뒈지게

학교에서 돌아온 아이가

엄마
참기름에다 휘발유를 섞으면
어떻게 돼?

글쎄 불이 나나?

아~니 못 먹지

그럼
참기름하고 들기름
식용유를 다 섞으면 어떨까?

먹을 수는 있겠지

아~니
엄마한테 뒈지게 혼나지

천식

내 몸은 마당의 나무

숨 쉬는 가지 사이 어디에
지나가던 새의 깃털 걸려

떨어져라
떨어져라
몸이 먼저 알고 흔들어대지

기관지 저 깊은 곳에
안테나를 세우고

가져갈 것도 없는
내 몸을
매일 밤 넘보는
도둑이지

무능한 휴대폰

오늘도
공쳤다

기다리는 문자 하나
받지 못하고

길을 잘못 든 소식들만 껴안고
나를 부르다니

무덥기만 한 날

지각

어둠이 내리는
저녁 하늘을
새 두 마리가
급히 날아간다

여보 늦었어요
어서 갑시다
끼이~ 끼이

날갯짓이 더욱 빨라진다

아기 새들이
불도 안 켜진 방에서
기다리고 있는갑다

보물찾기

여보
줄무늬 셔츠 어디 있지?

거기 늘 있는 데 있지요

넥타이는 어떤 게 좋을까?

양복 색깔하고 같은 거면 되죠 뭐

여보
등산 양말 하얀 거 어디 있어?

거기 있던 데 있다니까요

월 화 수 목 금 토 일

아내가 숨겨둔
사랑 찾기

저수지

얼음이 꼭꼭 덮고 있지만
숨을 쉬고 있었어요

수평을 가르는 칼자욱 같은 상흔과
보그르 보그르르
물방울 올리며 열어놓은 날숨 자국

눈부신 맨살에 숨구멍 있었어요

사람의 몸에 실 같은 붉은 강이 흐르고
그 물 모여 심장이 뛰듯

한 방울 비의 노래와
산그늘의 깊음을 받아 안은
거대한 물짐승

쉿—
조용히 하세요
돌아누울지도 모르거든요

뭉게구름

햇빛 푸른 하늘에
구름이 간다

바람이 미는 대로
멀—리 돌아서 간다

그렇게 뭉그적거려서야
언제
그대에게 닿겠습니까?

전봇대

골목 끝에 서 있는
하얀 콘크리트 전봇대

우뚝 선 늠름함이
국군 장병 같다

똑똑 떨어지는 언어
반듯한 자세
절도 있는 거수경례

무서움 타지 않고
추위에도 아랑곳없이
당당하게 버티고 서 있는
멋진 남자다

땅따먹기

어떨 땐
온전히 내 거였어

넌
아무 말도 안하고
내가
사랑한다 했으니

네가 뭉그적거리고 있을 때
내 그리움은

네 맘 가까이로
한 뼘씩 한 뼘씩
넓혀 갈 거다

톡!!

내가

대숲에 숨어 지내는 바람이면 좋겠다
땀을 닦는 그대
귓가를 몰래 스쳐도 좋을

고요한 밤
들고양이 등을 쓸어주던
푸른 달빛이면 좋겠다
그대 곤히 잠든 창가에
몰래 숨어들어도 좋을

이른 아침
풀섶에 매달린
한 방울 이슬이면 좋겠다

그대 지나는 시간
발끝에 몰~래
톡!!

환생

노랑 병아리 한 마리
학교 울타리 옆에
부끄럽게 누워 있네

빗빗거리던 작은 부리
가녀린 발가락
보슬보슬 깃털들
아직 어리둥절하던 얼굴…

너의 모든 것들아

감나무 뿌리를 타고
가지 끝에까지 올라가
흔들리는 잎새 사이
째잭거리는 참새가 되거라

내 너를 데려다
감나무 밑에 묻어주마

이제
좋은 꿈을 꾸렴

호수

물 고인 곳이야

강도 있고
저수지도 있고
저 하늘 웅덩이도 있지만

그대만 한 호수가 어디 있으랴

맑고도 깊은
우리 아기 눈망울

가만히 들여다보면
나도 그냥 빠져버려요

행복 풍덩~!

사투리

제집 울안의 것들은 다
주인을 닮는갑다

마당의 장승 할멈은
나처럼 수다쟁이에다
사투리까지 쓴다

시방 뭐라캤습니까?
긴 건 기고 아닌 건 아니지예

우리 집 강아지
밥 주는 안주인을 닮아
깨갱깽깽
갱갱갱

감나무에 오는 까치까지
깻깻깻
깻깻깻

모두
갱상도 사투리다

하이고 참

큰 도로에서 눈 치우는 나를 보고
이웃집 할아버지

하이고 참
요즘 세상에 장하네 장혀

눈이 너무 많이 와서 힘들어요 할아버지

아 밥 먹고 것도 안햐?

모자에 마스크에
눈만 내놓고 운동하는
이웃 새댁을 보고

하이고 참
비닐하우스 친 거 같다
햇빛이 보약인디

하얀 기저귀 널린 빨랫줄을
담 너머에서 보시고

그거 기저귀 아녀?
애기 왔구먼
하이고 참
인제 사람 사는 집 같네
꽃 중에 사람 꽃이 제일인겨

송충이

전자 회사 주식을 샀다
1300주
오르지도 않고
내리지도 않고
그래 한 삼 년 그냥 두었다

배당도 받아
1400주로 늘고
지난 연말 주주총회 때는
보온 물병 하나 보내왔다

그런데 오늘
거래 정지라고 신문에 나고
상장폐지 된단다

송충이가 뽕잎을 탐했으니

500만 원짜리
보온 물병이라

내 평생에
가장 비싼 물건 하나 샀다

콘센트

몸이 아파 혼자 누워
천장을 본다
전등 하나 달려 있다

돌아누워 본다
벽에 콘센트 하나
매미처럼 붙어 있다

작은 구멍 두 개
가만히 보고 있으면
커다란 귀가 되어
맴~ 맴~
바깥소식을 들려준다

네게로 가는 길
바람으로 떠도는 길

우주로 통하는 문이
콘센트 속에 열려 있었다

빨래

맑은 날 밖에서 말린 빨래에는
까삭한 햇살 냄새가 난다

빨랫줄에 걸린 햇살 한 줄 걷어
방에다 휙~ 던져 넣으면

어둡던 방 안이
푸른 하늘이 된다

비오는 날 방에서 말린 빨래에는
눈물 젖은 냄새가 난다

슬픈 빨래 한 줄 걷어
마당에 내어 널면

얼룩진 가슴이 금방
맑은 가을 하늘이 된다

좋은 꿈

헬리콥터 한 대가
바닷가
커다란 모래사막 위를 날고 있다

높은 하늘에서 해님이 볼 때는
마치 한 마리 물고기가
높고 낮은 산을 아랑곳 않고
흔들흔들
유영하는 걸로 보였다

자전거밖에 타지 못하는 내가
헬리콥터를 몰고
유유히
해변을 거스르고
사막을 헤엄치다니

이제부터
내 인생도 활짝 열릴 거라는
인터넷 꿈 해몽이었다

까치

여기저기 기웃거리며
주워들은 바람 소리
저 산 발꿈치께
가랑잎으로 덮어놓고

참을 인(忍)
참을 인(忍)
밤새 뒤척이다

날이 채 눈뜨기도 전에
마을로 내려와

임금님 귀는 당나귀 귀
당나귀 귀

깟깟대는 유선방송

고등어

검푸른 파도를 가르며
망망대해 내달릴 제
불끈불끈
솟아오르던 푸른 네 등줄기
태백산맥

용기로 절여지고
덕으로 나누어지니
결승점엔 언제나
질긴
삶의 심줄 하나

다행히도 너
죽어서 이름을 남겼구나

안동 간고등어

수탉

구구 구구
학문을 닦더니
높은 벼슬에 올랐구나

저 위풍당당한
맨드라미 화관을 보라

모이를 찾아
발톱이 닳게 밭을 일구어
꼭꼬꼬꼬
식솔을 거두는
가장의 늠름함

꼭꼬루~꿕
새날이 밝았다 출발~!!

천하를 호령하는 폼이
적군을 무찌르고 돌아온
용맹한 장수 같다

어마무시

엄마 반지 하나 해드릴랑께
실로 싸이즈 좀 재 봐여

6센티인데

아 왜 글케 늘려 재고 그랴
다시 재 봐여
종이로

6센티 맞는디

에구야 그 가녀린 손가락이
언제 글케 늘어났디야?
어마무시하네!

*어마무시 : '어마어마 무시무시'의 준말?

등짝을 갈겨 주고 싶어

한 숟갈만 먹고 가라 응?
아침 굶으면 시험도 잘 못 본다더라
사정을 해봐도
그냥 나가는 아이

기차 시간에 맞춰
새벽밥해 놓으시고

밥도 안 먹고 간다고
뒤따라와 내 등짝을 때리며
학교도 가지 마라
가방을 뺏던 어머니

얼마나 더 숱하게
밥 한 술을 뜨고서야
어미의 마음을 알겠는가

내 이 녀석을 그냥
등짝을 한 대 갈겨 주고 싶어

박명숙 은유시(隱喩詩) 절묘성(絕妙性)의 수사학(Rhetoric)

— 제1시집 『학무산 아래 들꽃 같은』 평설(評說)

石蘭史 이 수 화

시인, 명예문학박사, (사)세계문인협회 고문,
국제펜클럽 한국본부 · 한국문인협회 원임부이사장

1.

박명숙 첫 시집 『학무산 아래 들꽃 같은』(2014.5, 도서출판 天雨 刊行)에 실는 수록 시 93편은 모두가 은유시(隱喩詩)이다. 참으로 경이로운 인문학 세계 확장이며 감미로운 형이상학적(形而上學的) 상상력의 미학화(美學化) 작업, 즉 절묘성(絕妙性)의 수사학(修辭學, Rhetoric) 기법의 소산이다. 그것은 박명숙 시의 회화체(會話體) 어조, 가락에 응축되고 서술되며 이미저리로 점묘되는 시어의 밀도와 정서의 아우라(Aura)가 빚어내는 처연(悽然)하리만치 애석(愛惜, 라멘테이션)한 시정(詩情)에 우리가 감동하는 찰나 완성되는 박명숙 시의 은유시 텍스트로 귀착된다.

실체를 본다. 행두 넘버는 평설자의 몫이다.

①
탱글탱글
상앗빛 속살은
막 돌 지난 아기 볼 같은데

②
어디에다
그런
앙칼진 맛을 숨겼을꼬

—「마늘」 전문

인용시는 총 6행(3행씩의 2개 스탠자)의 2개 스탠자(聯)으로 분절한 은유시이다. 텍스트 한 편을 예시(例詩)처럼 ①과 ② 연으로 분연(分聯)한 것은 자유시의 내재율(內在律)을 살려 시의 음악성(리듬)에 기여하는 수사학 조처이다. 그냥 산문으로 "탱글탱글 상앗빛 속살은 막 돌 지난 아기 볼 같은데 어디에다 그런 앙칼진 맛을 숨겼을꼬"라 표기했다면 얼마나 범박할 것인가. 마늘의 외양인 탱글탱글한 상앗빛 속살의 막 돌 지난 아기 볼 같은 순수 생명력은 산문의 길고 번잡한 수식어들 때문에 돋다 못하고 시든 꽃잎처럼 그 존재감이 묻히고 그 작으면서도 버리기 아까운 앙증맞은 마늘의 본질인 매운 맛의 라멘테이션(愛惜美) 또한 저 번거로운 산문 속에 묻혀 숨어버리고 마는 것이다. 그러므로 박명숙의 저 2연 6행으로 분절 · 안배한 해조(諧調)의 레토릭 은유법(隱喩法) 솜씨는 마늘이란 존재의 이데아(정신의 존재론적 내용물)까지, 우리 인간이 어쩔 수 없이 라멘테이션(애석해) 하는 '마늘맛' 까지 실감시켜주고 있는 것이다. 애석하기 그지없는 막 돌 지난 아기의 앙칼진 맛과 멋으로써 은유한 놀라운 미학 기법으로 말씀이다. 이와 같은 박명숙 시의 아베로에스미학(Averoes美學, 보편적 이성에 의한 불멸하는 아름다운 인간 정신)주의는 이 시집 수록 시 전편(全篇)을 관통하는 은유시 기법의 절묘한 레토릭으로 8할의 성취도에 이르고 있다. 이는 박명숙 시의 세계관이 시를 통해 도달하고자 하는 우주론적(生과 死의 무한 지속성) 존재 의미에 다름 아니다. 그의 아름답고도 아슴푸레한 아우라의 라멘테이션미학주의 시정신(詩精神, 포에지) 소산이겠다. 그래서 박명숙 시는

이쁠 것도 없고
서운할 것도 없고
그저
편한 모습

언제이든
푸르름으로
우리 가까이에 있는
그대가 좋다

풀 먹여 밟아 말린
광목 앞치마 두르고
명절날
부뚜막 앞에
사각사각 서 계시던

우리 어머니 같은
상추

—「상추」 전문

—가 바로 세계와 존재를 보는 라멘테이션 시정신임을 예시로써 확연히 은유해서 보여주고 있는 것이다. 이처럼 아름다운 박명숙 은유시는 이 시집 『학무산 아래 들꽃 같은』에 수록된 총 93편의 시 편편마다 저 뛰어난 메타적 텍스트 「마늘」의 속살처럼 미학화되어 있다. 특히 이 시집의 표제 시인 「학무산 아래 들꽃 같은」 역시 그러하다. 여기서도 박명숙 시인의 뛰어난 은유시 기법이 나타나는데, 시집 타이틀이기도 한 '학무산 아래 들꽃 같은' 존재는 바로 첫 행에 나오는 '어머니'이다(이 시집의 본문 54페이지 참조). 결국 이 시집은 박명숙 시인의 어머니께 드리는 헌사로 가득 차 있는 것임을 독자는 이쯤에서 확연히 알아차릴 수 있어서 더욱 감동하게 될 터이다. 더불어 박명숙 시인은 이 시집의 은유법 제목처럼 겸허한 존재 의식의 시인임을 우리는 알 수 있다.

이제 그 아리따운 라멘테이션의 화려한 은유시 변주를 본장으로 넘어가 세세히 점검해 보기로 한다.

2.

이웃 할머니는 가끔
옥상에 올라가
어딘가를 하염없이 바라보곤 합니다

계단을 내려오며
들릴락 말락
노래를 부릅니다

달아 달아 밝은 달아
어데로 갔나
나와서 나하고 놀자

할머니 원피스 자락엔
커다란 접시꽃이
달처럼 환합니다

—「접시꽃」 전문

예시의 메타텍스트(詩 제목)는 아욱과(금규과 · 錦葵科)의 다년생 풀꽃으로, 집 주위에 흔히 자생하는 접시처럼 생긴 붉고 희며 자주색인 납작한 작은 꽃이다. 이 접시꽃의 원산지는 옛 중국 촉(蜀)나라 땅이라서 촉규화(蜀葵花)란 별칭도 있다. 이 별칭에 규(葵, 해바라기) 자가 접사되어 있음은 위에서 이 시를 노래하고 있는 컨텍스트로 잘 반영되어 있다. 즉, 박명숙은 그의 라멘테이션(안타깝도록 사랑스러운 정감의 愛惜感) 정서의 반영물로 저러한 '접시꽃[蜀葵花]'을 노래하고 있는 바, 이는 그의 시 정신인 아베로에스(인간 보편적 이성이 지향하는 불멸성의 의지) 정신에 기반해 형상화를 거두고 있다. 기승전결(起承轉結)의 동양 시적 구성의 안정된 회화체 어조로 시상은 바로 앞서 지적한 바의 라멘테이션 정조(情操)에 바탕한 아베로에스 주제를 은유시 기법 레토릭으로써 형상화하고 있는 것이다. 그것은 첫 스탠자에 보이듯 할머니를 접시꽃으로 은유한 "어딘가를 하염없이 바라보곤 합니다"라는 이미저리는 바로 접시꽃 할머니가 떠나온 촉(蜀)나라를 잊지 못해 그리워한다는 망향사(望鄕詞)임을 독자는 간취하게 된다. 계단을 내려오며 들릴락 말락 부르는 노래의 "달아 달아 밝은 달아/ 어데로 갔나/ 나와서 나하고 놀자"(3연)라는 은유적 레토릭은 그러므로 너무나 애처로운 라멘테이션 정조의 형상화이고, 결구연(結句聯)의 "할머니 원피스 자락엔/ 커다란 접시꽃이/ 달처럼 환"하다는 이미저리의 애틋한 아베로에스(인간보편성의 望鄕愁)는 독자의 가슴을 치고도 남을 박명숙 은유시의 애련 무비의 아우라(詩의 光輝로움)인 것이다. 이러한 접시꽃은 그 콘텍스트성(性)에서 소쩍새(歸蜀道, 옛 중국 蜀나라 廢主가 나라를 잃고 타향에서 죽어 귀촉도가 되었다는)와 자매와 같은 이미지가 연상되도록 해 박명숙 은유시의 제재 선택 또한 그의 시적 지성의 재기(才氣)를 읽게 하는 대목이 아닌가 한다. 시적 성취도란 그 시인의 전폭적 · 전인격적 투여로써 이루어진다는 사실에 다시금 옷깃이 여며지기도 하는 것이다. 이제부터는 이상과 같은 박명숙 은유시의 아베로에스(보편적 이성 불멸성의 지향 의지) 시의식이 거두고 있는 라멘테이션(愛惜之心, 안타깝도록 사랑스러운 정감) 수사학(修辭學) 성취물(박명숙 은유시)들의 다양한 전개상(展開像)을 살피기로 한다(행두 넘버는 평설자 몫임).

①
어떻게 여길 알았니
물어 물어 날 찾아왔다는

초등학교 동창생

사철 그을린 맨 얼굴에
실없이 풀린 파마머리

사십 년 만에 만났는데
자초지종도 없이
집을 나왔노라 눈물부터 쏟는구나

남편이라고 저 하나 믿고 살렸더니
땡볕에 일 시키고
술타령에 매질까지
나부터 살고 봐야지
자식 생각도 안 나더란다

소여물 썰다 작두에 다쳤다는
짧은 오른손 가운뎃손가락
무르팍에 정강이에
크고 작은 흉터들

이것아
어린 시절 그 꿈 다 어쩌고
이렇게 아프게 나타났니

그 인간 어디 있나
이리 끌구 와
내 가만 안 둘껴

—「이리 끌구 와」 전문

②
그의 가슴에서
장구 소리가 난다
그의 배에서
북 소리가 난다
그가 움직일 때마다
몸 어느 구석에서
꽹과리 소리가 나고
징 소리가 나고…

내 손등 생채기 하나에
사흘 아프고
자기 가슴에다 침을 꽂고
진땀 흘리며
아내의 가슴앓이를 대신하는
당신은
내가 신명 나게 살도록
장단을 맞춰주는
국악단 사물놀이이다

—「지아비」 전문

③
열 살 아이의 일기

우리 누나는 대학생인데 참 좋은 습관을 가졌다.
약국에 들어갈 때
"안녕하세요. 회충약 4인분 주세요."
"안녕히 계세요."

처음에 나는 누나가 약국 아저씨와 잘 아는 사이인 줄 알았다.

오다가 과일 가게에 들렀는데

"안녕하세요. 귤 2천 원어치요."

"많이 파세요."

하는 것이다.

"누나는 인사성이 어째 그렇게 발라? 내 생각에는 약국 아저씨나 귤 가게 아줌마가

어서 오세요 안녕히 가세요 해야 될 거 같은데."

하니까

"인사는 아무나 먼저 하는 게 좋은 거야."

라고 했다.

텔레비전에서 우리나라 사람들이 인사에 너무 인색하다는 말이 나왔는데

우리 누나 같은 사람에게는 상을 주어야겠다.

—「인사성」 전문

④

고향에 가서

작은엄마와 작은아버지를 뵈면

네가 실이하고 똑같구나

영실이는 저보다 예쁘잖아요

말하는 거나 하는 짓이

꼭 닮았다 말이다

나를 볼 때마다
작은엄마와 작은아버지는
딸이 보고 싶으신 게다

사촌 동생 영실이에게
오늘은 전화를 해야겠다

친정에 자주 좀 가봐

—「영실이」 전문

예시 ①, ②, ③, ④를 나란히 병치 · 병렬해 보이는 까닭은 이들 텍스트군(群) 모두가 박명숙 은유시에서 공통적으로 취급된 주제인 인륜의식(人倫意識)에 있다. 또한 다 같은 회화체 가락과 어조 · 어투에 그 까닭이 있다. 일찍이 생명 없는 노래조 시의 경직성을 깨기 위해 17세기 영국 형이상학파 시의 효장 존 단(John Donne)은 시에 대담한 구어체(口語體) 언어의 채용과 산문적(散文的) 이미지 구사를 시도해 성공했다. 그것은 시에서 인간의 체취(體臭)가 나게 하고 한없이 신선(神仙) 놀음의 말장난 같은 시를 지상(地上)의 노래, 현실 길항(拮抗)의 회화체(會話體, 구어체) 시로 쓰는 수사학의 구사였다. 단은 시의 제제를 '벼룩(The Flea)'으로까지 끌어내려 시가 인간의 이야기임을 역설해나갔던 것이다. 여기 박명숙 예시 ①의 경우는 제목부터 회화체에다 총 7개 연의 비교적 호흡이 긴 시를 완전히 구어(회화)체로 전개, 시의 판독에 더없이 무난한 흐름을 성취하고 있다. 더구나 후말 한 개 연의 3행으로 분절한 세 마디 대화체 표상 이미지는 함축적인 의지의 표현(表現, Render) 성취가 된다. 참으로 우정을 넘어선 아프지만 위로 가득 찬 라멘테이션(愛惜之感)의 표상화가 아닐 수 없겠다. ②의 경우는 어떤가. ②의 부부 금슬우지 깨어짐이 이리도 애정 담뿍한 아베로에스(인간의 변함없는 이성과 감성의 영원성) 실체가 실현된 경이가 어디 있으랴 싶게 사람 냄새 나는 시가 되고 있다. 2개 연, 연속 문장의 산문적 레토릭이 내용과 위일 융합되는 훌륭한 성취 사례이다. ③은 아예 텍스트 전체가 다이얼로그로 이루어지는 구어체 인륜시(인간의 사회성)의 절창이고 ④의 경우 구어체 시 문체의 자연스러움과 그 정연한 내재율 그리고 후말 한 연 한 행의 대사 한 마디 처리야말로 인륜시의 애정(라멘테이션) 표상의 최고 정점에 이른 바가 아니냐 감동하는 것이다. 이처럼 시에는 아름답고 우아하고 음악적 리듬이 표면화돼야 한다는 전통적(보수적) 비시적(非詩的) 요소들(口語, 散文體)이 전면화(前面化)되어 성공한 텍스트는 오늘의 모더니즘, 리리시즘, 실험 시들에서도 그리 많지 않은 시적 성취가 된다.

이제 박명숙 은유시 레토릭 최상급 성취의 경우를 ①산문적 표상, ②회화체 사례 시 두 편을 들어 척박하게나마 살려온 '박명숙 은유시 절묘성의 수사학' 명제하의 평설문에 종언을 고할까 한다.

①

딸 둘이
신발 가게에 들어갔다
어머니 생신을 맞아

털신을 고르려고

이걸 살까?
비싸네
어느 것이 좋을까?

오래도록 주저하는 걸 보고
주인이
좋은 걸 사 봤어야 고를 줄을 알지

어린 자매가
밖으로 나와

감나무 가로수 아래에
서로 바라보고 서 있다

눈물이 그렁하다

—「선물」 전문

②
학교에서 돌아온 아이가

엄마
참기름에다 휘발유를 섞으면
어떻게 돼?

글쎄 불이 나나?

아~니 못 먹지

그럼
참기름하고 들기름
식용유를 다 섞으면 어떨까?

먹을 수는 있겠지

아~니
엄마한테 뒈지게 혼나지

—「뒈지게」 전문

예시 ①과 ②를 대비 · 병렬한 것은 ①이 3인칭 화자 시점의 대상 관찰 시형이고 ②는 엄마와 아이의 대화를 화자가 경험한 결과를 형상화하고 있는 동일 시점의 내용이지만 그 표사성(表辭性)은 시 내용(주제)의 지향성과 각기 다르기 때문이다. ①은 가게 주인의 비아냥처럼 자매들이 어머니 생신 선물 값이 비싸고 싸고를 따지는 얄팍한 계산 때문이 아닌 어머니(생신)에 대한 애정의 진정성 때문이란 걸 시인은 시의 내포로 의도한 텍스트인 것이다. 이 미묘한 인간 내면 정신을 시인은 의식의 흐름(The Stream of Consciousness)(2연~3연) 기법으로, 또한 산문체로 적절히 표상 · 성취하고 있다. ②는 총 7개 연의 레토릭을 첫 행식 스탠자만 빼고는 모두 모노로그 대사체로 표현하고 있는 특이성을 보이는 텍스트이다. 주제도 인간 심리의 미묘성에 있어 다수의 다른 시들과 좋은 변별력을 지닌다. 이처럼 은유시의 줄기찬 추구와 레토릭의 일정한 성취도는 박명숙 첫 시집 『학무산 아래 들꽃 같은』에 고스란히 수놓아지고 있는 놀라운 시 세계 발현인 것이다. 흔치 않은 인문학 형상성에 대한 경이와 감탄에 심안 두루 혼미해져 사뭇 주례사의 굴레를 벗어나지 못한 사안(辭案)들에 대해 강호의 혜량을 구하면서 글 마무리 삼아 박명숙 시의 강인성의 포에지(詩精神) 한 수를 명심해 보면서 피리어드를 찍어볼까 한다.

구구 구구
학문을 닦더니
높은 벼슬에 올랐구나

저 위풍당당한
맨드라미 화관을 보라

모이를 찾아
발톱이 닳게 밭을 일구어
꼭꼬꼬꼬
식솔을 거두는
가장의 늠름함

꼭꼬루~꾁
새날이 밝았다 출발~!!

천하를 호령하는 폼이
적군을 무찌르고 돌아온
용맹한 장수 같다

—「수탉」 전문

시란 깊은 통찰력의 소산(예시의 수탉을 늠름한 가장, 용맹한 장수로 통찰해낸)이고 어쩔 수 없이 그걸 표현해낸 결과물이라 볼 때, 위 박명숙 시 「수탉」이야말로 깊은 통찰과 참을 수 없는 충동으로 표상해놓은 예술(미학)의 진정성의 참모습일 터이다. 저 적절 무비의 메타포어(은유) 솜씨(1연 수탉의 벼슬과 학문 닦아 오르는 관직인 벼슬의 멀티플 이미지)와 수탉을 늠름한 가장(내면성)과 용맹한 장수(외면성)로 또한 중첩 이미지화한 메타포어 기법은 박명숙 시인의 형이상학 상상력과 사람 냄새 짙게 배인 그 절묘성의 수사학(修辭學)의 경이적 결과물이 아닌가 거듭 감동하는 바이다.

2014.3.30. 서울 삼개나루 수당헌(樹堂軒)에서 탈고(脫稿)

문학세계대표작가선 713

학무산 아래 들꽃 같은

박명숙 시집

인쇄 1판 1쇄 2014년 5월 3일
발행 1판 1쇄 2014년 5월 11일

지 은 이 : 박명숙
펴 낸 이 : 金天雨
펴 낸 곳 : 도서출판 天雨
등 록 : 1992. 2. 15. 제1-1307호
주 소 : 서울시 성동구 무학봉28길 6 금용빌딩 2F(하왕십리동 966-23)
전 화 : 02)2298-7661
팩 스 : 02)2298-7665
http://www.moonhaknet.com
E-mail : chunwo@hanmail.net

값 7,000원

ISBN 978-89-7954-565-4